Inhalt

Die Reform der deutschen Rechtschreibreform - ist ein Ende der Korrekturen bald in Sicht?

Kernthesen

Beitrag

Fallbeispiele

Weiterführende Literatur

Impressum

GENIOS WirtschaftsWissen Nr. 03/2006 vom 17.03.2006

Die Reform der deutschen Rechtschreibreform - ist ein Ende der Korrekturen bald in Sicht?

I.Lukmann

Kernthesen

- In den vergangenen zehn Jahren wurde die deutsche Rechtschreibreform bereits dreimal reformiert; dies hat in der Bevölkerung zu anhaltender Kritik an den Gestaltern der Reformvorschläge geführt. (2), (13), (14)

- Die Kultusministerkonferenz (KMK) berät zurzeit den offiziellen Änderungsbeschluss, sodass zum 1. August 2006 die Rechtschreibreform allgemein verbindlich werden kann. (5), (6), (9)
- In diesem Zusammenhang werden auch zahlreiche Korrekturempfehlungen des Rates für deutsche Rechtschreibung von der Kultusministerkonferenz (KMK) überprüft. (2), (7), (8),

Beitrag

Die neue deutsche Rechtschreibreform steht nun endlich vor dem endgültigen Abschluss. Die Kultusministerkonferenz (KMK) ist dabei, den offiziellen Änderungsbeschluss zu beraten. Der Rat für deutsche Rechtschreibung hat zuvor seine Korrekturempfehlungen zur Prüfung an die KMK übergeben. Das Ziel der KMK ist es, nach jahrzehntelangem Streit um die deutsche Rechtschreibreform und die Reform der deutschen Rechtschreibreform, die Reform zum 1. August diesen Jahres in allen Schulen eine verbindliche Rechtschreibreform eingeführt werden kann. Im Anschluss daran gilt eine einjährige Übergangsfrist. In dieser Zeit werden die Schreibfehler der derzeit 12 Millionen betroffenen Schüler nicht bewertet.

Nachbesserungen werden vor allem in den Bereichen Getrennt- und Zusammenschreibung, Groß- und Kleinschreibung sowie Kommasetzung erwartet. (5), (6), (9)

Entwicklung der Rechtschreibreform

1996 haben Deutschland und weitere deutschsprachige Länder die neue Rechtschreibreform zum 01. August 2005 verabschiedet. Im vergangenen Jahr haben dann, bis auf Bayern und NRW, alle Bundesländer die neue Rechtschreibreform auch verbindlich eingeführt. Da nicht alle Beteiligten die Reformvorschläge wie verabredet umgesetzt haben, sind zahlreiche Unstimmigkeiten entstanden. Außerdem stellte sich die Frage, weshalb die Reformen im Allgemeinen auf einen so breiten Widerstand stoßen. Die Argumente hierfür sind zahlreich von dem Argument der Reformunfähigkeit unserer Gesellschaft bis hin zur politischen Unfähigkeit bei der Umsetzung der Reformen, werden zahlreiche Kritikpunkte angeführt. (2), (4), (5), (6)

Historie der Rechtschreibreformen

Deutsche Rechtschreibreformen waren schon in der Vergangenheit schwer umzusetzen. Dies hat der deutsche Reichsinnenminister mit seiner 1927 eingeführten Verbesserung einiger Begrifflichkeit der deutschen Sprache bereits erfahren müssen. Damals war, zur deutlicheren Unterscheidung zwischen dem Begriff Wagen aus dem Automobilsektor und der damals noch genauso geschriebenen Bezeichnung Wagen für Gewichtsmessgeräte, diese Änderung der Rechtschreibung angestrebt worden. Dennoch konnte bis in die 30er Jahre hinein der Fachhandel hierzu nicht bekehrt werden.

Auch eine vorherige Rechtschreibreform von 1901, die besagte, dass nach dem T kein H mehr geschrieben werden dürfe, hat bei den Deutschen der damaligen Zeit, nicht zu einer veränderten Schreibweise von Begriffen wie Thür und Thor geführt.

Widerstände gegen Rechtschreibreformen sind jedoch kein deutsches Problem. Alle traditionsreichen europäischen Sprachen wie das Englische und das Französische haben ähnliche Hindernisse überwinden müssen. Auch hier ist die angestrebte Veränderung von der betroffenen Gesellschaft nicht angenommen worden. Die Gründe hierfür liegen in der Sache der

Sprache an sich: denn die Orthografie ist stark mit dem Bewusstsein kultureller Identität verbunden. (3), (6)

Reformziele der deutschen Rechtschreibreform und der Rat für deutsche Rechtschreibung

Das ursprüngliche Ziel der Reform war eine Vereinfachung der Rechtschreibregeln, um die Rechtschreibung schneller erlernbar zu machen. Der ehemalige bayerische Kultusminister Zehetmair ist Vorsitzender des Rates für deutsche Rechtschreibung. Er ist maßgeblich an der Reform der deutschen Rechtschreibung 1996 verantwortlich gewesen zahlreiche Änderungsvorschläge des Rates, die mit einer Zwei-Drittel-Mehrheit angenommen werden müssen, sind von Zehetmair angestoßen worden. Der Rat für deutsche Rechtschreibung wird nach Verabschiedung der Reform der Rechtschreibreform in den kommenden sechs Jahren die Entfaltung und Entwicklung der Rechtschreibreform weiterhin kontrollieren und beobachten. (2), (5)

Kritikpunkte an der deutschen Rechtschreibreform

An der deutschen Rechtschreibreform werden vor allem das Verfahren und die an der Reform Beteiligten kritisiert. Die Vielzahl der beteiligten Gruppierungen hat an sich bereits die Prozesse der Rechtschreibreform verkompliziert. Verschiedene Fachkommissionen und Arbeitsgruppen und Beamte der Kultusministerien haben sich der Entwicklung der Reform gewidmet. Dabei wurde es unter Anderem versäumt, Experten von Verlagen oder Akademien in den Kreis der Gestalter der Rechtschreibreform hinzuzuziehen. Ebenfalls unbeteiligt waren Lehrer, Schriftsteller oder Journalisten. Die Kritik besteht daher darin, dass bei der Entwicklung der Rechtschreibreform eine fachliche Legitimation des Gestalterkreises gefehlt haben soll. (6)

Hinzu kommt, dass die Politik in diesem Zusammenhang maßgeblich an der Zusammensetzung der Gestalter verantwortlich war. Die deutsche Orthographie ist von der ständigen Konferenz der Kultusminister der Länder, ohne parlamentarische Legitimation, vorangetrieben worden. Kritisiert wird auch, dass die Politik nach der ersten Protestwelle an der Rechtschreibreform 1996 nicht dafür gesorgt hat, dass die Reformvorschläge nochmals überprüft worden sind. (6)

Vorschläge zur Reform der Rechtschreibreform

Nach dem Scheitern der umfassenden Einführung der deutschen Rechtschreibreform im gesamten Bundesgebiet August 2005, hat der Rat für deutsche Rechtschreibreform im vergangenen Jahr Änderungsvorschläge ausgearbeitet. Die Empfehlungen des Rates beziehen sich im Wesentlichen auf die Bereiche Getrennt- und Zusammenschreibung, Groß- und Kleinschreibung, Kommasetzung sowie Worttrennung.

Getrennt- und Zusammenschreibung

Der Rat hat in diesem Bereich darauf geachtet, dass, der Tradition zufolge, in der deutschen Rechtschreibung eine Tendenz zur Zusammenschreibung vorhanden ist. So zum Beispiel: eislaufen, leidtun, näherkommen und schwerfallen, die künftig wieder zusammengeschrieben werden sollen.

Groß- und Kleinschreibung

Der Rat hat im Bereich der Groß- und Kleinschreibung, vor allem im Bezug auf die Getrennt- und Zusammenschreibung, Verbesserungen der Rechtschreibreform vorgeschlagen. Zukünftig sollen beispielsweise folgende Begriffe klein- und zusammengeschrieben werden: pleitegehen oder bankrottgehen. Ein weiterer Vorschlag ist auch die Wiedereinführung der Großschreibung der Anrede in Briefen. Auch feststehende Begriffe sollen künftig wieder großgeschrieben werden: Hohes Haus oder die Rote Karte.

Zeichensetzung

Die Vorschläge zur Zeichensetzung betreffen hauptsächlich die deutsche Kommasetzung. So werden Sätze, die mit und verbunden werden, nur dann durch ein Komma getrennt, wenn der dadurch getrennte Satz einen selbständigen Satz darstellt. Ein weiterer Fall ist die Verwendung des Kommas bei Anwendung eines Infinitivs. Dies soll, dem Willen des Rates zufolge, in Zukunft freigestellt sein.

Worttrennung

Ein weiterer Vorschlag betrifft den Bereich Worttrennung. Die Änderung der Abtrennung von Wörtern wie E-sel, Feiera-bend oder Bi-omüll soll in Zukunft wieder rückgängig gemacht werden. (2), (7), (8),

Fallbeispiele

Die GEW (Gewerkschaft Erziehung und Wissenschaft) schlägt vor, dass die Schulverlage solange mit der Umsetzung der Reform der Rechtschreibreform warten sollen, bis deren Umsetzung endgültig geklärt ist. Nach Ansicht der GEW, stellen die Verbesserungsvorschläge keine enormen Veränderungen dar. Das heißt, dass eine Umsetzung der mit der Reform verbundenen Änderungsvorschläge ungeheure Kosten für die Korrektur von Lehr- und Lernmittel darstellen würden. Die GEW sieht erst Handlungsbedarf, wenn klar ist, dass die großen Verlage und Printmedien die Änderungen der Rechtschreibreform mittragen. (1), (11)

Die Verlage haben noch nicht alle auf die neuen Regelungen der Rechtschreibreform umgestellt. So will der FAZ-Verlag weiterhin an der herkömmlichen Rechtschreibung festhalten. Der Axel Springer Verlag hingegen lässt eine gewisse Kompromissbereitschaft erkennen. Dies liegt vor allem daran, dass der Verlag die Reform der Rechtschreibreform befürwortet. Auch das Bertelsmann-Lexikon-Institut bereitet sich auf die Einführung der Rechtschreibreform vor. Das Standardwerk Wahrig die deutsche Rechtschreibung wird als Neuausgabe direkt nach Beschluss der endgültigen Rechtschreibreform herausgebracht. (10), (12)

Weiterführende Literatur

(1) UMFRAGE Alt, neu, selbst erfunden
RECHTSCHREIBREFORM - Heute kommen die Kultusminister zusammen, um letzte Änderungen zu beschließen. Angesichts des Reform-Chaos haben sich viele längst ihre eigenen Regelungen zusammengebastelt.
aus Berliner Zeitung, Ausgabe 52 vom 02.03.2006, S. 30

(2) Gräulicher Kammmolch
RECHTSCHREIBREFORM - Heute kommen die Kultusminister zusammen, um letzte Änderungen zu beschließen. Angesichts des Reform-Chaos haben

sich viele längst ihre eigenen Regelungen zusammengebastelt.
aus Berliner Zeitung, Ausgabe 52 vom 02.03.2006, S. 30

(3) Schleider, Tim, Rechtschreibreform - Vier S für einen Schlussstrich, Stuttgarter Zeitung, 02.03.2006, S. 1
aus Berliner Zeitung, Ausgabe 52 vom 02.03.2006, S. 30

(4) O.V., Anlauf zur einheitlichen Regelung - Die Kultusminister wollen heute die Rechtschreibreform, Anlauf zur einheitlichen Regelung, Thüringer Allgemeine, 02.03.06, S. TCPL402
aus Berliner Zeitung, Ausgabe 52 vom 02.03.2006, S. 30

(5) Reith, Karl-Heinz, Hat der Stängel nun eine Zukunft?, Kultusminister wollen Änderungen der Rechtschreibreform absegnen - Rat überwacht Umsetzung, Mitteldeutsche Zeitung, 02.03.2006
aus Berliner Zeitung, Ausgabe 52 vom 02.03.2006, S. 30

(6) Variantensalat
aus Frankfurter Allgemeine Zeitung, 01.03.2006, Nr. 51, S. 37

(7) Sprachexperten pochen auf alte Traditionen Kommission übergibt Vorschläge für Rechtschreibreform. Ruf nach Rückkehr zu einigen alten Regeln.
aus Aachener Nachrichten vom 28.02.2006

(8) Rechtschreibreform: Änderungsempfehlungen

"Rote Karte" statt roter Karte Von der Getrennt- und Zusammenschreibung - Die wichtigsten Vorschläge des Rechtschreibrats
aus Berliner Morgenpost, 28.02.2006, Nr. 59, S. 3

(9) Rechtschreibreform vor dem Abschluss
aus Stuttgarter Zeitung, 28.02.2006, S. 1

(10) O.V., Axel Springer pro Reform, Großverlag kompromissbereit, medien aktuell, 27.02.2006, S. 4
aus Stuttgarter Zeitung, 28.02.2006, S. 1

(11) GEW kritisiert Rechtschreibreform Heute werden Empfehlungen zur Korrektur der Reform übergeben
aus MAINPOST Ausgabe vom 27.02.2006

(12) Rechtschreibreform / WAHRIG-Wörterbuchredaktion steht in den Startlöchern
aus news aktuell, 2006-02-23

(13) Rechtschreibreform "Gräulich" ist alle Theorie Auch das fünfte Votum der Kultusministerkonferenz zur neuen Rechtschreibung räumt nicht alle Mißverständnisse aus
aus DIE WELT, 21.02.2006, Nr. 44, S. 29

(14) O.V., Querulanten und ein "SZ"-Redakteur, Zwischenruf zu einem Beitrag in der "Süddeutschen Zeitung", medien aktuell, 01.08.2005, S. 16
aus DIE WELT, 21.02.2006, Nr. 44, S. 29

Impressum

Die Reform der deutschen Rechtschreibreform - ist ein Ende der Korrekturen bald in Sicht?

Bibliografische Information der deutschen Nationalbibliothek

Die Deutsche Nationalbibliothek verzeichnet diese Publikation in der deutschen Nationalbibliografie; detaillierte bibliografische Daten sind im Internet über http://dnb.d-nb.de abrufbar.

ISBN: 978-3-7379-1738-4

© 2015 GBI-Genios Deutsche Wirtschaftsdatenbank GmbH, Freischützstraße 96, 81927 München, www.genios.de

Alle Rechte vorbehalten. Dieses Werk ist einschließlich aller seiner Teile – z.B. Texte, Tabellen und Grafiken - urheberrechtlich geschützt. Jede Verwertung außerhalb der Grenzen des Urheberrechtsgesetzes bedarf der vorherigen Zustimmung des Verlags. Dies gilt insbesondere auch für auszugsweise Nachdrucke, fotomechanische

Vervielfältigungen (Fotokopie/Mikroskopie), Übersetzungen, Auswertungen durch Datenbanken oder ähnliche Einrichtungen und die Einspeicherung und Verarbeitung in elektronischen Systemen.